Adriano Gómez-Bantel (Hg.)
Der VfB in Mexiko

Adriano Gómez-Bantel (Hg.)

Der VfB in Mexiko

Eine Reise im Sommer 1951

VERLAG DIE WERKSTATT

Abbildungsnachweis:
Für die Überlassung des historischen Bildmaterials
danken Herausgeber und Verlag ganz herzlich:
Fototeca, Hemeroteca y Biblioteca Mario Vázquez Raña /
ORGANIZACIÓN EDITORIAL MEXICANA S. A. de C. V.

Die Aufnahmen auf den Seiten 7, 8 und 124
stammen aus dem Archiv des VfB Stuttgart.

Bibliografische Information der Deutschen Nationalbibliothek
Die Deutsche Nationalbibliothek verzeichnet diese Publikation
in der Deutschen Nationalbibliografie; detaillierte bibliografische
Daten sind im Internet über http://dnb.d-nb.de abrufbar.

ISBN 978-3-7307-0210-9

Inhalt

Vorwort

Am 10. Juni 1951 machte sich der VfB zu einer bemerkenswerten Gastspieltournee nach Mexiko auf und besuchte als erste deutsche Fußballmannschaft überhaupt den nordamerikanischen Staat. Diese Reise war in vielerlei Hinsicht etwas Besonderes: Nur knapp ein Jahr nach der ersten Auslandsreise eines deutschen Fußballvereins in der Nachkriegszeit und nur etwas mehr als ein halbes Jahr nach dem ersten Nachkriegs-Länderspiel der Nationalmannschaft Deutschlands gegen die Schweiz im Stuttgarter Neckarstadion waren Auslandsreisen deutscher Mannschaften noch keineswegs selbstverständlich und wurden in der Öffentlichkeit allgemein aufmerksam verfolgt.

Die Initiative zu der Reise ging zunächst vom Mexikanischen Fußballverband aus. Dieser hatte schon seit der Saison 1943/1944 eine Profiliga etabliert und versuchte nun im Jahr 1951 eine deutsche Vereinsmannschaft in das fußballbegeisterte Land einzuladen. Der VfB als damals noch amtierender Deutscher Meister landete in der Spielzeit 1950/1951 – nur zwei Punkte fehlten für die erneute Qualifikation zu den Endrundenspielen um die Deutsche Meisterschaft – auf dem vierten Platz in der Oberliga Süd. Das frühzeitige Aus-

▲ Die Stuttgarter Delegation vor dem Rückflug nach Deutschland.

Die Reise-gruppe beim Zwischenstopp in Havanna.

scheiden aus dem Titelrennen eröffnete dem jetzt spielfreien VfB daher die Möglichkeit, die vom Mexikanischen Fußballverband ausgesprochene Einladung wahrzunehmen und die viel beachtete Überseereise anzutreten. Der VfB schien darüber hinaus bestens für die Aufgabe geeignet, als Aushängeschild des deutschen Sports zu dienen. Schließlich hatte er bereits Erfahrung auf internationalem Parkett vorzuweisen, da er schon am 10. Mai 1950 mit dem Burnley FC als erster Verein in der Nachkriegszeit eine englische Mannschaft empfangen und sich hier durch große Gastfreundschaft und diplomatisches Geschick aus-gezeichnet hatte.

Die Finanzierung der Reise wurde komplett von der mexikanischen Regierung über-nommen. Daher startete am 10. Juni 1951 eine 22 Mann starke VfB Expedition vom Stutt-garter Flughafen und machte sich über die Zwischenstopps Amsterdam und Glasgow auf zur Reise über den Atlantik, um nach 13 Flugstunden sicher im kanadischen Montreal auf-zusetzen. Nach einem weiteren kurzen Aufenthalt in Havanna, landete die VfB Delegation schließlich in Mexiko-City. Als Gastspieler mit an Bord waren bereits das damals noch beim TB Neckarhausen aktive, gerade einmal 18-jährige Ausnahmetalent Erwin Waldner sowie der für die neue Saison vom FC Bamberg verpflichtete Torwart Karl Bögelein. Von den bewährten Stammkräften fehlten beim VfB der in der Spielzeit 1950/1951 quasi dauer-verletzte Walter Bühler und Paul Maier, dessen Platz der altgediente Edel-Reservist Alfred „Ale" Lehmann einnahm. Ständiger Begleiter der VfB Delegation und während der gesam-ten Reise in der Funktion des Dolmetschers tätig war daneben der Journalist des „Sport-berichts" Rolf Nagel.

Von den anschließenden, äußerst ereignisreichen Wochen in mexikanischen Gefilden voller kurioser Begebenheiten berichtet der hier vollständig abgedruckte, ausführliche Rei-sebericht des damaligen Ersten Vorsitzenden des VfB, Dr. Fritz Walter. Das Protokoll der großen Fahrt erschien in der damaligen Mitgliederzeitschrift „Nachrichten aus dem Leben des VfB Stuttgart". Die Lektüre ist noch heute lohnenswert, weil sie eindrucksvoll den Geist dieser Zeit aufleben lässt.

Die einmalige Reise voller sportlicher und kultureller Höhepunkte sollte allen Teilnehmern jedoch nicht nur wegen der vielen gewonnenen Eindrücke noch länger im Gedächtnis bleiben. Kaum am 11. Juli 1951 aus dem Flugzeug in Stuttgart gestiegen und von den Angehörigen fröhlich begrüßt, sah sich der VfB Tross mit Vorwürfen konfrontiert. Diese hatten die Mannschaft schon vereinzelt in Mexiko erreicht und zwischenzeitlich ihren Weg bis in heimische Gazetten gefunden. Allesamt zielten auf die Gründe für das sportliche Abschneiden des Teams von VfB Trainer Georg Wurzer ab. Von unverbesserlichen, national gesinnten, in Mexiko wohnhaften Deutschen wurden die Niederlagen als *nationales Unglück* betrachtet; Erklärungen hierfür waren offenbar schnell zur Hand. Nach ihrem grandiosen Auftaktsieg gegen den amtierenden mexikanischen Meister Atlas hätten sich die weiß-roten Bewegungsspieler allzu sehr auf die Geschehnisse abseits des Platzes konzentriert und ihre Mission, den deutschen Fußball weiterhin vorbildlich zu vertreten, sträflich vernachlässigt. Gar von einer *Schmach und Schande für alle Deutschen* war teilweise die Rede, da die Schwaben nur noch das letzte der vier noch auszutragenden Spiele gewinnen konnten.

Diese äußerst sensible Angelegenheit mit politisch motiviertem Hintergrund wirbelte einigen Staub auf. Wie der Erste Vorsitzende Dr. Fritz Walter und VfB Trainer Georg Wurzer jedoch in einigen im Anschluss daran publizierten Stellungnahmen in verschiedenen Sport-Fachmagazinen und der lokalen Presse glaubhaft vermitteln konnten, war die sportliche Bilanz keineswegs auf die ausschweifende Lebensweise der VfB Spieler zurückzuführen. Neben der heute allgemein bekannten Spielstärke mexikanischer Mannschaften, die sich noch durch eigens hierfür ausgeliehene Spitzenkräfte aus anderen Teams verstärkt hatten, machten der weiß-roten Elf vielmehr die tropische Hitze, die dünne Luft der hoch gelegenen Spielorte sowie Krankheitserscheinungen schwer zu schaffen, die auf die ungewohnte Ernährung vor Ort zurückzuführen waren. Alle Vorwürfe sollten sich letztlich als unhaltbar erweisen, da auch der Mexikanische Fußballverband in einer öffentlichen Stellungnahme den VfB vollständig rehabilitierte. Die weiß-rote Reisegesellschaft hätte sich *während ihres Aufenthaltes in Mexiko absolut ehrenhaft und vorbildlich* verhalten und beim VfB handele es sich *um eine hervorragende Mannschaft [...], zusammengesetzt aus Spielern von außerordentlichem Talent*. Die Angelegenheit wurde damit allgemein als erledigt angesehen. Den Globetrottern des VfB schien die Reise trotz der Strapazen und des unerfreulichen Nachspiels schließlich jedoch gut bekommen zu sein. Die sich an die Mexiko-Reise anschließende Spielzeit endete für die Mannschaft von Georg Wurzer mit dem Gewinn der Deutschen Meisterschaft 1952.

Die VfB Reise im Sommer 1951 kann heute zudem als Initialzündung für die engen Beziehungen zwischen dem Cannstatter Wasen und Mexiko gelten. Denn nur drei Jahre nach der Mexiko-Reise im Sommer 1951 kam es am 26. Juni 1954 im Stuttgarter Neckarstadion zu einem Aufeinandertreffen der Nationalmannschaft Mexikos mit dem VfB. Möglich wurde dieses Spiel durch das unglückliche Ausscheiden der Mexikaner in der Vorrunde der Weltmeisterschaft 1954. Jedenfalls konnte der VfB an die drei Jahre zuvor geknüpften freundschaftlichen Bande trotz einer 1:5-Niederlage anknüpfen. Eine Neuauflage dieser Partie fand am 1. Mai 1978 dann am selben Ort im Rahmen einer Saisonabschlussfeier des

VfB im Vorfeld der Weltmeisterschaft in Argentinien statt, die mit einem torlosen Remis endete. In diesem Zusammenhang sind natürlich auch die nicht nur jedem VfB Anhänger bekannten Mexikaner Pavel Pardo und Ricardo Osorio zu nennen. Die beiden Ausnahmefußballer waren im Juli 2006 sowohl die ersten mexikanischen Spieler beim VfB als auch in der gesamten Bundesliga. Während ihrer Zeit beim VfB prägten sie das Spiel der Mannschaft mit dem roten Brustring. Nach wie vor unvergessen bleibt der Gewinn der Deutschen Meisterschaft in ihrer ersten Saison beim VfB, der nicht zuletzt deren Einsatz und Spielkunst zu verdanken ist. Zuletzt war mit Francisco Javier Rodríguez Pinedo – besser bekannt als „Maza" – ein weiterer Mexikaner von 2011 bis 2012 für den VfB am Ball, der den bislang letzten Baustein in der langen Reihe der durchaus fruchtbaren Verbindungen zwischen dem VfB und Mexiko darstellt.

Der hier vorliegende, reich bebilderte Band ist somit nicht nur ein eindrucksvolles Zeitdokument einer fast vergessenen exotischen Reise des VfB, sondern schildert auch ein Stück Nachkriegsgeschichte, in der der Sport – hier allem voran der Fußball – eine wichtige und bis heute nur wenig beachtete Rolle spielte. In der Hoffnung, dass auch in der Zukunft die Verbindungen zwischen dem VfB und dem mexikanischen Fußball nie abreißen mögen, wünscht Ihnen der VfB viel Spaß bei der Lektüre dieses Buches, für dessen Zustandekommen dem Herausgeber sowie dem Werkstatt-Verlag herzlich gedankt sei!

VfB Stuttgart 1893 e.V.
Historische Abteilung
Dr. Florian Gauß

Der **Reisebericht**
des Ersten Vorsitzenden
Dr. Fritz Walter

DER **VfB** 1893

STAMMLER

NACHRICHTEN AUS DEM LEBEN DES

VEREINS
FÜR
BEWEGUNGSSPIELE
STUTTGART

Mexikanisches Tagebuch

Lange mußte die Elf des VfB Stuttgart auf ihre größere Auslandsreise warten; kurzfristig sollte dieser lange genährte Wunsch in Erfüllung gehen. Eine Einladung des Mexikanischen Fußball-Verbandes an eine deutsche Fußballelf konnte der VfB Stuttgart wahrnehmen. Die Reisegesellschaft umfaßte 22 Personen; darunter 17 Spieler, 1 Trainer, 3 offizielle Begleiter des Vereins und ein Dolmetscher. Am Sonntag, den 10. Juni 1951, um 18.45 Uhr, war Start in Echterdingen mit der Königlich Holländischen Fluggesellschaft, die die Abkürzung KLM in aller Welt kenntlich macht. Im Sonderflugzeug ging es in 2 Stunden nach A m s t e r d a m , wo das Abendessen im Flughafen bereitgestellt war. Von dort wurde im großen 4motorigen Flying Dutchman die große Reise nachts 23.10 angetreten. Die letzte Zwischenlandung auf europäischem Boden erfolgte in P r e s t w i c k , dem Flughafen Glasgows in Schottland. Nachdem die Maschine aufgetankt worden war, und die Reisegesellschaft noch einmal mit einem vorzüglichen englischen Tee und üppigen Sandwiches gestärkt war, ging es in 6000 m Höhe und bei einer Durchschnittsgeschwindigkeit von 400 Stundenkilometern über den Ozean. Die Nacht währte ewig lang, weil wir der untergegangenen Sonne nacheilten oder der aufgehenden davonflogen. Nach 13 Stunden ununterbrochenen Fluges landeten wir in M o n t r e a l in Canada. Als bei Dämmerung zum ersten Mal wieder etwas von der Welt zu erkennen war, näherten wir uns bereits der Küste von Neufundland. Am Horizont, dessen Begriff jetzt erst so richtig klar wird, ist ein helles Wolkenband zu sehen, von dem aus nach unten immer dunklere Nuancen von Blau folgen. Das Ganze sieht aus wie eine riesige Schüssel aus Kobalt, über deren Mitte unser Silbervogel schwebt. Die Lage des Flugzeugs ist übrigens absolut ruhig. Kaum irgend ein Schwanken ist zu verspüren. Gewaltig ziehen die Luftschrauben den Vogel nach vorwärts. Jetzt dehnen sich unter uns die weiten Flächen Canadas mit einem Reichtum an Seen und Wäldern, aber sehr weit auseinander liegenden menschlichen Wohnstätten. Glatt setzt die Maschine auf dem Flugplatz in Montreal auf. Wir müssen die Uhren um 6 Stunden zurückstellen. Statt 15.30 Uhr ist es jetzt erst 9.30 Uhr vormittags. Montreal mit seinen 1½ Millionen Menschen spricht zu zwei Drittel französisch und ist somit die zweitgrößte französischsprechende Stadt der Welt und zugleich die 7. größte Stadt des amerikanischen Kontinents überhaupt. Wir machen eine Stadtrundfahrt im Omnibus „Miß Montreal". Die Stadt wurde im Jahre 1642 von dem Franzosen Maisoneuve gegründet. Sie beherbergt eine große französisch-christliche Universität. Sie ist quadratisch angelegt und zeigt einen ziemlich bunten Baustil. Auffallend sind die außen an den Häusern angebauten Treppen, die direkt zu den oberen Stockwerken führen. Wir besichtigen die Kirche

3

„Notre Dame", die dem Pariser Vorbild nachgebaut ist, sowie die Wallrahrtskirche „St. Joseph", die für Canada die Bedeutung von Lourdes in Frankreich hat. Zu Hunderten sind die Krücken aufgehängt und zeugen von der Wunderkraft Gottes, die den gelähmten Gläubigen zuteil wurde. Am Nachmittag ging der Flug weiter den ganzen Osten der Vereinigten Staaten entlang, teils über den Wolken, teils mit Ausblick auf Felder und Wälder, Städtchen und Straßen, Flüsse und Seen. Ab 9.00 Uhr wird es Nacht, und bald fliegen wir Cuba an. Die Stadt H a v a n n a liegt unter uns und bietet ein prachtvolles Bild. Sie ist in den Glanz hunderttausender zum Teil farbiger Lichter getaucht und macht einen märchenhaften Eindruck. Beim Verlassen des Flugzeuges empfinden wir zum ersten Mal, was tropisches Klima bedeutet. Eine badwarme Treibhausluft umfängt uns und läßt uns bald den Schweiß aus allen Poren brechen. Nach kurzen Formalitäten fahren wir zum Hotel Sevilla-Biltmore, wo wir für die Nacht untergebracht sind. Ein abendlicher Gang durch die Straßen vermittelt uns den Eindruck einer Weltstadt. Farbige Menschen herrschen vor; neben glänzend braunen Cubanern sieht man sehr viele Neger. Überall herrscht ein buntes Gewimmel; um Mitternacht denkt in diesen Breiten noch niemand daran, ins Bett zu gehen. Am nächsten Morgen machen war mit dem Bus der KLM auch hier eine Stadtrundfahrt und staunen über die prächtigen Straßen und Häuser, unter denen viele im maurischen Stil gebaut sind und an die Spanischen Eroberer dieser Insel gemahnen. Am Nachmittag geht es dann zur letzten Etappe über den G o l f   v o n   M e x i k o unserem Ziel entgegen. Erster Landeplatz in Mexiko ist M e r i d a, im Küstengebiet gelegen mit ebenfalls tropischer Luft. Dort ist Gesundheitskontrolle, und dann steigen wir wieder auf zum Flug nach M e x i k o - C i t y, das wir am Dienstag abend 20.30 Uhr erreichen. Eine vieltausend-köpfige Menge ist zu unserer Begrüßung erschienen, darunter ein großes Aufgebot an Deutschen. Der Zoll wird großzügig gehandhabt, und schon drücken uns deutsche Mädchen große Blumensträuße in die Hände. Eine echt mexikanische Kapelle, die sogenannten Marriages, spielen unermüdlich ihre feurigen Weisen. Nachdem der erste Ansturm von Presse- und Rundfunkleuten abgeschlagen ist, bahnen wir uns einen Weg zu den wartenden Autos. Die deutschen Autobesitzer haben in sinniger Weise an ihrer Windschutzscheibe die Aufschrift „Stuttgart" angebracht. Nachdem alles in den „Stuttgarter" Wagen verstaut war, ging es zum Hotel „O n t a r i o" im Zentrum von Mexiko-City. Schon auf dieser ersten Fahrt bekamen wir einen ungefähren Eindruck, was das für eine Weltstadt sein mußte. Unsere Vorstellungen aus der Geographiestunde konnten da schlechterdings nicht mehr standhalten. Die Stadt hat an die 3 Millionen Einwohner, ist in den letzten 10 Jahren ungeheuer schnell und auf das modernste entwickelt worden und muß als eine wahre Metropolis angesprochen werden. Die Lichtreklame in den breiten und modernen Avenidas ist unvorstellbar, der

4

Verkehr auf den Straßen ist überwältigend. Unser Stuttgart muß hier wie eine Kleinstadt zurücktreten. Außer den Omnibussen und Lastwagen laufen nicht weniger als 50 000 Privatwagen in der Stadt und zwar alle vom großen amerikanischen Schnitt. So viel Cadillacs, Buiks, Chevrolets, Dodges haben wir noch nie durcheinander fahren sehen. Der Verkehr kennt fast nur Einbahnstraßen, in denen die Autoketten zu dritt nebeneinander dahinrasen. Überholen ist rechts und links gestattet; an den Kreuzungen sorgen Blinkzeichen oder Verkehrspolizisten für Ordnung. Die Polizisten haben Trillerpfeifen; ein Pfiff bringt die Wagenkolonne zum Stehen, ein Doppelpfiff gibt der anderen Kolonne freie Fahrt. Von der Hupe wird reger Gebrauch gemacht, wie überhaupt der Mexikaner am Lärm eine kindliche Freude hat. Nach dieser ersten Probe von der Stadt werden wir im Hotel offiziell begrüßt. Ansprachen werden getauscht, das Mikrophon wird herumgereicht. Zur Stärkung gibt es ein kaltes Buffet. Um 12.00 Uhr können wir uns zur wohlverdienten Ruhe zurückziehen. Freilich sollte trotz guter Betten aus der Ruhe nicht viel werden, weil das Hotel im Zentrum zugleich auch im Lärmzentrum liegt. Um das Hotel kreist die Straßenbahn, die keinen anderen Namen denn „Nervensäge" verdient. Breite Spur, alte schwere Wagen verursachen einen unvorstellbaren Krach. Die Straßenbahn fährt bis 2 Uhr und beginnt wieder um 5 Uhr ihren Dienst. Unglücklicherweise werden in der Nacht von 2 bis 5 Uhr Gleisarbeiten vor dem Hotel ausgeführt und zwar 10 Tage lang, so daß es mit unserer Nachtruhe nicht weit her war. Wir suchten denn auch von Anfang an, in ein anderes Hotel umzuziehen, was uns aber erst nach 10 Tagen gelang. Schön war das Badezimmer in jedem von uns bewohnten Appartement, was wesentlich zu unserer körperlichen Frische beitrug. Am nächsten Morgen gab es Frühstück, was durch Obstsäfte eingeleitet wurde. Man konnte Ananas-Grapefruit, Melone oder Apfelsine in Saftform zu sich nehmen. Dann gab es Kaffee oder Tee mit oder ohne lecche (übersetze Milch!), Eier in jeder Form, Schinken, Weißbrot sowie süße Backwaren. Um 10 Uhr ging es dann zum ersten Training auf den Asturiasplatz, der heute nicht mehr zu Spielen benutzt wird. Die eine Seite der Tribünen wurde bei einem Spiel von den Zuschauern kurzerhand angezündet und heruntergebrannt. Bei diesem ersten Training waren rund 3000 Zuschauer zugegen, meist junges Volk, das unsere Männer eingehend studierte. Diese machten in ihren einheitlichen Olympia-Trainingsanzügen einen recht sauberen Eindruck. Sieben Runden um den Platz mit anschließender Körpergymnastik ließen die Zuschauer erstaunen. Aber nun forderten sie dringend Arbeit mit dem Ball, was ursprünglich von uns nicht vorgesehen war. Der Ruf nach dem „ballon" verstummte nicht eher, als bis Wurzer nachgab und auf den Kasten schießen ließ. Hier gab es ein großes Geraune, wenn Barufka, Schlienz oder Blessing einen rauschen ließen, und am nächsten Tag war schon in der Presse von den deutschen Kanonieren zu lesen. Überhaupt die pressemäßige Vorbereitung der Spiele ist hier ganz gewaltig. Jeden Tag erscheint eine Sportzeitung, der „Esto". Daneben bringen alle Tageszeitungen täglich ausführliche Betrachtungen zum kommenden Spiel. Das mexikanische Volk ist eben gelenkt unter dem alten Wahlspruch: „Brot und Spiele", und so nehmen letztere einen breiten Raum im Leben des Volkes ein. An erster Stelle steht wohl der Stierkampf, dann kommt der Fußball, dann das Pferderennen, dann das beliebte Fronton. Außer den sportlichen Darbietungen sind dann die Kinos in Mexiko außerordentlich beliebt. Ohne zu übertreiben darf ich die Zahl der „Cines" mit mehreren Hunderten in Mexiko-City angeben, worunter sich wahre Paläste befinden. Sehr viel wird vom Mexikaner auch gewettet: freilich besteht für Fußball keine organisierte Wette wie bei uns, um so höher sind die Einsätze bei den wilden Wetten. Unsere Mannschaft trainierte auch an den darauf folgenden Tagen, Donnerstag und Freitag, um am Samstag ganz auszuruhen. An den Nachmittagen nahmen wir die Gelegenheit wahr, uns die Stadt näher anzusehen. Man muß Mexiko als eine Stadt der Gegensätze bezeichnen. Neben einer Gruppe von sehr reichen Leuten, darunter über 2000 Millionären, steht die große Masse armer bis ärmster Bewohner. Neben den Wolkenkratzern im Geschäftsviertel und den herrlichen Villen in Las Lomas stehen die ärmlichen Bauten und Lehmhütten der untersten Klasse. Handeln und Verdienen ist das Werk des großen, Feilschen und Betteln

7

das Los des kleinen Mexikaners. Wohl fühlen sich aber alle dabei, wenn sie nur den nötigen Peso gewinnen können, um sich eine sportliche oder filmische Darbietung leisten zu können, die sie dann mit erregter Anteilnahme genießen. Der Handel blüht auf allen Straßen und Plätzen. Überall auf dem Gehweg kann man seinen Laden eröffnen. Hier werden Ananas, Mangos, Bananen, Papayas angeboten, dort schmort in riesiger Pfanne eine dicke Mexikanerin die so beliebten tortillas (eine Art Maispfannkuchen); hier wieder bietet einer Silber- und Schmuckwaren an, dort hat einer einen Stapel Herrensocken oder Schuhe mitten auf dem Gehweg ausgebreitet und fordert zum Kaufe auf. An jeder Ecke schreit einer oder eine die Lose der loteria nacional aus; durch alle hindurch aber schreitet der wichtigste Mann mit seinem Kästchen, der Stiefelputzer. Nirgendwo bekommt man seine Stiefel geputzt als auf der Straße. Was diese mexikanischen Stiefelputzer an Hochglanz auf die ältesten Latschen hinzaubern, ist wirklich unübertrefflich. So gingen wir staunenden Auges durch die großen Avenidas de Reforma, de Chapultepec oder de Insurgentes, durch die Calle de Cinco Mayo oder de Juarez, oder wir standen auf dem Zokalo vor der Riesenkathedrale und gewannen einen Eindruck von der unerschütterlichen Frömmigkeit des Hispano-Mexikaners, der zu jeder Tageszeit die große Kathedrale besucht, die als die größte Lateinamerikas angesehen wird. Um den Zokalo stehen die Regierungsgebäude im spanischen Stil gebaut noch aus dem Zeitalter der Eroberung, und unschwer denkt man zurück an die Tage, da Cortez zum ersten Mal sein Regiment in der Hauptstadt der Azteken errichtet hatte mit seinen spanischen Granden. Man denkt auch zurück an jene Noche triste, in der die Leute des Cortez sich unter größten Verlusten aus der von Kanälen umzogenen Stadt flüchten mußten. Mexiko ist ja auf einem Seengelände aufgebaut und hat in früheren Jahrhunderten sehr unter Wassersnöten gelitten. Viele große Gebäude haben sich auf dem nachgiebigen Grund um ein Bedeutendes gesenkt, was bei einem Gang durch die Stadt an allen Ecken und Enden festgestellt werden kann. So hat sich der berühmte Palacio des bellas Artes um mindestens 1 Meter gesenkt. Dort sind Kunstausstellungen untergebracht und wird an 2 Tagen der Woche

Theater gespielt. Dienstag und Samstag ist Opernvorstellung. Viele Gehwege sind nur durch Stufen zu ersteigen, weil sich die Straße entsprechend gesenkt hat. Wir besuchen dann den Park von Chapultepec und das berühmte Schloß des Kaisers Maximilian. Wir gehen Abends in das Kino, wo wir aber ebensowenig Genuß haben wie im Varieté „Folies", da wir des Spanischen nicht mächtig sind. Besser gefällt uns die großartige Pferderennbahn der Stadt mit ihren mächtigen Tribünen, die dreistöckig aufgebaut sind. Auch können wir hier am Totalisator unser Glück versuchen. Schließlich kehren wir bei einem deutschen Wirt aus Überlingen ein und freuen uns an der echt schwäbischen Kost, die er uns auftragen läßt. Am Freitag vormittag legen wir 2 mächtige Kränze am Ehrenmal der Mexikaner nieder, was am folgenden Tag in der Presse mit großer Genugtuung vermerkt wird. In der deutschen Schule sind wir zu einem Nachmittagskaffee eingeladen und bekommen bei dieser Gelegenheit eine Reihe namhafter Mexiko-Deutscher vorgestellt, die uns Vorschläge für gesellige Unternehmungen machen, was wir aber zunächst alles ablehnen, weil wir uns ganz auf unsere sportliche Aufgabe konzentrieren wollen. Und so kommt schließlich der erste Spieltag heran, an dem wir

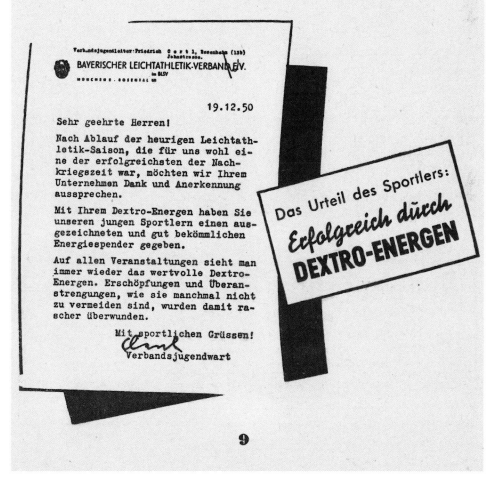

dem campeon de campeones (Meister der Meister), dem berühmten Club Atlas aus Guadelajara gegenübergestellt werden. Das Spiel ist auf 12 Uhr mittags angesetzt, also in der glühendsten Hitze. Das geschieht deshalb, daß das Fußballspiel nicht mit dem um 16 Uhr beginnenden Stierkampf zusammenfällt. Stadion und Stierkampfarena sind unmittelbar benachbart, so daß die Besucher bequem beide Veranstaltungen mitnehmen können. Das Stadion ist tief in das Gelände eingelassen, so daß die obersten Ränge mit der Straße auf gleicher Höhe liegen. Die Zuschauerrränge sind rund gebaut und ganz aus Stein, auch die Sitzbänke. Es gibt nur Sitzplätze und zwar 2 Kategorien: Sombra und Sol, das heißt Schatten- und Sonnenplätze. Schatten kostet 15 Pesos und Sol 3 Pesos. Das Stadion faßt 60 000 Zuschauer und war bei diesem ersten Spiel ausverkauft. Die Zuschauer sind vom Spielfeld durch einen hohen Zaun und einen Wassergraben getrennt. Unsere Mannschaft läuft ein und wird stürmisch begrüßt. Wir tragen das Fahnentuch der Mexikanischen Republik durch das Rund und das Publikum bringt uns eine Pora, den Schlachtruf der Mexikaner, aus. Dann kommen die Mannen vom „Atlas" und tragen die Fahne der Deutschen Bundesrepublik. Die Banderas (Wimpel) werden von den Spielführern ausgetauscht; die Reina de Primavera (Frühlingskönigin) vollzieht den Anstoß und dann rollt der Ball, zum ersten Mal von deutschen Fußballern auf mexikanischem Boden geführt. Das Spiel ist völlig ausgeglichen und zeigt beiderseits sehr gute Technik. Das Glück aber ist ganz auf unserer Seite, so daß wir nach einer halben Stunde durch Prachtschüsse von Kraus, Wehrle und Barufka mit 3:0 führen. Alle Schüsse gingen aus ziemlicher Entfernung in die äußersten Torecken und waren schöne und unhaltbare Treffer. Die Mexikaner gerieten rein aus dem Häuschen über eine solche noch nie gesehene Schußgewalt. Das Spiel war damit praktisch schon entschieden; denn in dieser Temperatur und dieser dünnen Luft kann sich selten eine Mannschaft aufraffen, einen Rückstand aufzuholen. Nach der Pause prallt ein harmloser Schuß von Otterbachs Fuß ins unbewachte Eck und ergibt das Ehrentor für den Atlas. Bald darauf aber verwandelt Wehrle einen Eckball mit Hakenkick und kurz vor Schluß verwertet Läpple ein Zu-

10

spiel von Barufka an dem herauslaufenden Torwart vorbei zum 5. Treffer. Mit 5:1 ist der mexikanische Pokal-Meister geschlagen, und unsere Mannen gehen nach Empfang eines wertvollen Silberpokals im Triumph vom Platze. Der Schiedsrichter war ausgezeichnet. Beide Mannschaften hatten vorbildlich fair gespielt. Bei den Unsrigen trat kein einziger schwacher Punkt zutage. Barufka galt bald als der beste Spieler. Sein Schuß imponierte mächtig. Seit Langaras Zeiten hatten die Mexikaner keinen solchen Torschuß mehr gesehen. Die ganzen Zeitungen waren voll von den deutschen Artilleros und Bombarderos. Unsere Spielweise wurde als ganz modern und äußerst effektvoll gekennzeichnet. Unser Equipo wurde als muy buen gelobt, und die Kartennachfrage nach dem 2. Spiel der Deutschen am kommenden Sonntag gegen Atlante, den 2. der Mexikanischen Meisterschaft, war außergewöhnlich groß. Wir mußten nun wieder eine ganze Woche pausieren, in der unsere Spieler ganz in die Rolle des Favoriten hineingelobt wurden, was für eine Mannschaft nie von Vorteil ist. Eine Sängergruppe unserer Mannschaft mußte an der Television deutsche Lieder vortragen. Barufka erhielt vom Mexikanischen Rundfunk eine Goldmedaille als bester deutscher Spieler. Telegramme aus Columbien, Costa Rica, San Salvador, Guatemala und New York mit Spielangeboten liefen ein. Einladungen für unsere gesamte Gesellschaft sowie für einzelne Teilnehmer rissen nicht mehr ab. Wir nahmen aber für den Anfang der Woche nur 2 Sachen an, eine Einladung des Clubs der Schweizer in ihr wunderbares Clubhaus und eine Einladung deutscher Seeleute zu einem Bier- und Tanzabend. Ab Donnerstag war wieder strenge Kasernierung und Training auf das kommende Spiel. An den freien Nachmittagen machen wir kleine Fahrten in die Umgebung. Wir erfrischen uns im Schwefelbad Cuautla und stärken uns bei dem deutschen Wirt Göpfert im Kurort Guernavaca. Wir besuchen die Stufenpyramiden der Azteken und ihre Opferstätte. Die Sonnenpyramide ist 66 m hoch und liegt gegenüber der etwas kleineren Mondpyramide. Der Opferplatz zeigt den Opferstein, wo die Azteken ihren blutdürstigen Göttern Menschenopfer darbrachten, indem sie ihren unglücklichen Opfern zuerst das Rückgrat brachen und ihnen sodann das Herz aus dem Leibe schnitten, um es dem Gotte zu weihen, während das Opfer selbst von diesen Kannibalen

11

verspeist wurde. Wir besuchten ein Kloster im berühmten Löwenwald, der unserem Schwarzwald erstaunlich glich. Wir erreichten schließlich den Umzug vom Hotel Ontario in das ruhig und reizend gelegene „L'Escargot", das von einem Franzosen geleitet wird und europäische Speisekarte führt. In der Zwischenzeit hatten sich bei mehreren Spielern die Auswirkungen der Klimaumstellung gezeigt: Sie bekamen Durchfall und fühlten sich insgesamt nicht mehr so wohl wie bei der Ankunft. Für Schlienz und Blessing brauchten wir den Arzt, aber auch Otterbach, Kraus, Wehrle und Krieger lagen bedenklich herum. Damit waren für den verständigen Beobachter unsere Erfolgsaussichten beim 2. Spiel von vornherein nicht die besten. Der Verpflegung ist in diesem Klima die allerhöchste Bedeutung beizumessen. Wir mußten unser Lehrgeld bezahlen, können aber mit unserer Erfahrung jeder Mannschaft dienen, die einmal das Glück haben sollte, in jene Himmelsstriche zu fahren. Bevor wir aber unser 2. Spiel beschreiben wollen, berichten wir noch vom Besuch unseres ersten Stierkampfes. Die Plaza de Mexiko war nahezu ausverkauft, obwohl nicht gerade Hochsaison für Stierkämpfe ist, sondern vielmehr die Novilleros, d. h. die Neulinge unter den Toreros ihre Chance haben. So sahen wir denn auch nicht einen hochklassigen Kampf, bekamen aber doch das farbige und lebendige Bild einer Stierkampfarena mit. Es werden immer 6 Stiere vorgeführt und das Ganze dauert etwa 2 Stunden. Die Menge nimmt lebhaften Anteil und begleitet jede gute Leistung mit Olé-Rufen, während Fehler der Toreros ein wütendes Pfeifkonzert auslösen. Die Matadores haben ein Team von Helfern, die den Stier einerseits reizen, andererseits ermüden. Da sind zuerst die Peones mit ihren farbigen Capes, die den Stier unzähligemal an sich vorbeirasen lassen, was man die Veronica nennt. Dann kommen die Picadores zu Pferde, die mit einer langen Lanze dem Stier einen 2 cm tiefen Stich versetzen in die Rückenmuskel, damit der Stier den Kopf herunternehmen muß und so den Nacken für den tödlichen Stich des Matadors darbietet. Die dritte Phase wird von Banderilleros bestritten, die dem Stier 2 Banderillas (mit Widerhaken versehene bunte Stäbe) in den Nacken setzen und die Stelle bezeichnen, wo später der Matador den tödlichen Stoß anbringen muß. Diese Phase erfordert viel Mut und sieht auch sehr elegant aus. Zuletzt betritt mit großer Grandezza der Matador den Ring. Er spielt minutenlang mit dem Stier und läßt ihn in verschiedenen Pases an sich vorbeirasen, ohne sich selbst von der Stelle zu rühren. Schließlich versetzt er dem Stier den tödlichen Stoß, was nicht immer auf das erste Mal gelingt; denn die Stelle, die absolut tödlich ist, ist verhältnismäßig klein. Im ganzen gesehen entsprach die Sache nicht unserem Geschmack; wir sentimentalen Deutschen hatten wohl zu viel Bedauernis mit dem von vornherein dem Tode geweihten Stier und verstanden andererseits zu wenig von den Feinheiten, die dieses blutige Kampfspiel zu bieten hatte. Am Samstag nachmittag vor dem Spiel gegen Atlante wohnten wir noch der Bootstaufe des Deutschen Ruderclubs Antares bei, der uns zu Ehren einen Zweier mit Steuermann auf den Namen „„S t u t t g a r t " taufte. Nach Kaffee und Kuchen kehrten wir frühzeitig ins Hotel zurück, um für den kommenden Spieltag ausgeruht zu sein. Das Spiel war wieder auf 12 Uhr mittags gelegt. Die äußerlichen Zeremonien waren diesmal wesentlich kürzer, und unser Gegner begann mit ungeheurem Elan und Siegeswillen. Wir bezogen auch in jeder Halbzeit 2 Tore, von denen 3 mit dem Kopf aus nächster Nähe erzielt wurden. Das 4. Tor hatte unser Tormann verschuldet, der einen gefaßten Ball wieder von sich springen ließ. Wir hatten nach der Pause unsere beste

13

Zeit und hätten hier ausgleichen können. Zweimal standen wir in günstigster Position zum Einschuß frei, aber einmal ging das Geschoß in die Wolken und das 2. Mal knapp vorbei. Der Sieger wurde von den Einheimischen mächtig gefeiert, und wir zogen unseres großen Ruhmes entkleidet etwas belämmert ab. Trotzdem verloren wir nicht die Stimmung, sondern nahmen uns allerhand für das Spiel am darauffolgenden Mittwoch gegen „G u a d a l a j a r a" vor. Dies sollte als Nachtspiel ausgetragen werden, abends um 20.30 Uhr. Die Scheinwerferanlage war tadellos; das Stadion taghell überflutet. 30 000 Zuschauer waren mindestens erschienen, und das abendliche Stadion wurde zum Hexenkessel. Die Mexikaner schossen eine Unzahl Feuerwerkskörper während des ganzen Spieles ab und warfen auf allen Rängen Feuerballen einander zu, so daß ein absolut gespenstischer Eindruck entstand. Unter diesen Umständen legte unsere Elf ein wunderbares Spiel auf den hellen Rasen, nach mexikanischer Meinung das beste und schnellste Spiel, das wir bislang gezeigt hatten. Unvorstellbares Pech verhinderte mehrere Male die wohlverdiente Führung. Zweimal wurde der Pfosten angeknallt, und 1 Ball flog von der Querlatte zurück. Unser Gegner, der ebenfalls überaus schnell war, wurde vom Glück restlos begünstigt und schoß 3 Minuten vor Schluß nach verunglückter Abwehr unsererseits das einzige Tor des Tages. Das war wirklich betrüblich, und schwer geknickt suchten wir unser Hotel auf. In dieser schweren Woche war übrigens das Ausgehen ganz klein geschrieben. Wir besuchten lediglich ein Basketballspiel zwischen amerikanischen Studenten und einer mexikanischen Mannschaft und schauten ganz kurz in das Filmstudio einer mexikanischen Filmgesellschaft hinein. Außerdem verbrachten wir einen Nachmittag im „Behring Institut" bei einfacher Kaffeetafel im Freien. Der Sonntag, der 1. Juli, sah uns dann wieder um 12 Uhr bei glühender Sonnenhitze im Fußballstadion gegen den volkstümlichsten Verein Mexikos, gegen „N e c a x a", antreten. Drei schwere Spiele in einer Woche, jeweils gegen einen ausgeruhten Gegner, der mit 5 erstklassigen Auswechselspielern antrat, das war doch über die Kräfte unserer durch Krankheitserscheinungen erheblich geschwächten Mannschaft. So spielten wir unser schwächstes Spiel und strichen mit 1:5 die Segel, obwohl Necaxa uns als der schwächste Gegner der ganzen

Serie erschien. Wiederum waren 35 000 Zuschauer erschienen, was von der unverminderten Zugkraft unserer Elf zeugt. Nun war noch das letzte Spiel am Samstag, den 7. Juli, vertragsgemäß zu absolvieren, und zwar als Nachtspiel auswärts in G u a d a l a j a r a gegen den Verein „O r o". Zunächst aber galt es die niedergedrückten Geister wieder etwas aufzurichten. Zu diesem Zweck machten wir einen Ausflug auf den Paso de Cortez, jene Paßstraße zwischen „Popocatepetl" und „Schlafender Jungfrau", über die einst Cortez seinen Einmarsch nach Mexiko-City gehalten hat. Der Paß ist mit dem Auto zu erreichen und liegt 4300 m hoch. Von dort aus beginnt der Aufstieg zu den beiden genannten Bergriesen, die ungefähr 5400 m hoch sind. Der mühsame Aufstieg durch grauen Vulkansand nimmt immerhin für die letzten 1000 Meter noch 8 Stunden in Anspruch. Natürlich konnten wir uns diese Kraftanstrengung nicht leisten, sondern begnügten uns mit dem Anblick des ewigen Schnees und der Gletschermassen von unten. Auch hier wurden uns die Gegensätze dieses einzigartigen Landes bewußt: Tropische Hitze und ewiges Eis! Eine Besichtigung des Pedregals erfolgte, eines viele Quadratkilometer großen Feldes aus Lavagestein, das den Mexikanern als billige Quelle für Bausteine dient. Die ermüdeten Leiber unserer Spieler wurden in dem vorzüglich eingerichteten Dampfbad des Hotels Regis wieder elastisch gemacht, so daß wir gegen das Ende dieser letzten Woche wieder mit mehr Zuversicht dem Spiel entgegensahen. Zuvor aber wurden wir noch auf dem Rathaus von der Stadtverwaltung empfangen, wobei wir viele herzliche Beweise der Deutschfreundlichkeit der mexikanischen Regierung erfahren durften. Endlich stieg am Freitag abend das Abschiedsbankett des Mexikanischen Fußballverbandes, auf dem Ansprachen der Freundschaft herüber- und hinübergewechselt wurden. Es gab Wimpel des Verbandes für den DFB und für den VfB. Es gab silberne Plaketten für jeden Teilnehmer der Expedition. Es gab viele Abracos (freundschaftliche Umarmungen) zwischen Deutschen und Mexikanern, und wir nahmen durchaus den Eindruck mit, daß wir unsere Aufgabe der ersten Anbahnung sportlicher Beziehungen zu Mexiko doch recht gut gelöst hatten. Man sprach davon, diese Beziehungen jetzt nicht wieder abreißen zu lassen,

und man bat uns um Vermittlung recht baldiger Länderspiele zwischen den beiden Fußball-Verbänden. Also gehobener Stimmung flogen wir am folgenden Morgen zu dem 700 km entfernten G u a d a l a j a r a zu unserem letzten Spiel gegen „Oro", das an 5. Stelle der Tabelle rangiert. Diesmal trat wieder ein anderer VfB in die Schranken. Nachtspiel, keine Hitze, Höhe „nur" 1700 m, einigermaßen ohne Krankheit, all dies bewirkte, daß wir mit alter Frische kämpften und den Gegner in einem sehr schönen Spiel mit 4:0 schlugen. Reicher Applaus begleitete unsere Mannschaft in die Kabinen, und wir durften uns sagen: Ende gut, alles gut! Tatsächlich war auch die Presse wieder allen Lobes voll und bescheinigte uns zum Abschluß, daß wir doch eine wirklich gute Mannschaft gewesen seien. Am Sonntag ging es mit Sonderflugzeug zurück nach der Hauptstadt, wo alsbald die Koffer für die große Heimreise gepackt wurden. Am Sonntag abend bestiegen wir dann die Maschine der Pan American Airways zur ersten Etappe nach N e w Y o r k. Zuvor aber nahmen wir herzlichen Abschied von unseren mexikanischen und deutschen Freunden. Der Stadtverwaltung von Mexiko, dem Mexikanischen Fußball-Verband, unseren lieben deutschen Betreuern in Mexiko sei herzlicher Dank gesagt für alles, was sie an Gastlichkeit für uns aufgebracht haben. Es waren schöne und erlebnisreiche 4 Wochen in einem wunderbaren Land, von dessen Reichtum und dessen Geschichte wir nur einen kleinen Ausschnitt mitbekommen konnten. Nach sauberem Nachtflug mit Zwischenlandungen in S a n A n t o n i o, D a l l a s und W a s h i n g t o n erreichten wir um 10 Uhr morgens N e w Y o r k. Auch dort begrüßten uns Deutsche vom FC Brooklyn auf dem Flughafen und bestellten durch uns Grüße an die unvergeßliche Heimat, der wir nun wieder entgegenflogen, und zwar nicht nur mit den Schwingen des Flugzeuges, sondern auch mit unseren Herzen. Im Nonstopflug mit dem Flugzeug „A m s t e r d a m" der KLM ging es in 11 Stunden über den Ozean nach S h a n n o n in Irland. Von dort erreichten wir am Dienstag nachmittag A m s t e r d a m, die erste Stadt des europäischen Festlandes. Hier wurde eine Übernachtung eingelegt. Am Mittwochmorgen 10.30 Uhr verließen wir Holland und kamen nach Zwischenlandungen in D ü s s e l d o r f und F r a n k f u r t um

14.30 Uhr wieder wohlbehalten in Echterdingen an. Schon in Frankfurt begrüßten uns Herr Schaffner vom DFB und Ludw. Maibohm sowie andere Pressevertreter. Hier hörten wir auch von den unglaublichen Gerüchten, die über uns im Gange waren und die wohl durch diesen Tagebuchbericht hinlänglich widerlegt erscheinen. In E c h t e r d i n g e n dann durften Spieler und Begleiter ihre Lieben in die Arme nehmen. Waggele Haaga entbot uns herzliche Worte der Begrüßung, und nach kurzer Erledigung der Zollformalitäten bestiegen wir den Bus zur allerletzten Wegstrecke nach Stuttgart-Bad Cannstatt. Die Wasenelf war wieder zu Hause nach einer Reise von 22 000 Flugkilometern, in welchem Umfang sie wohl noch keine deutsche Fußballelf gemacht hat. Reich an unvergeßlichen Eindrücken wird jedem Teilnehmer diese Reise als ein gewisser Höhepunkt in seinem Leben haften bleiben. Dr. Walter

 # Fußball

An anderer Stelle berichtet Trainer Wurzer über unsere nach Abschluß der Verbandsspiele ausgetragenen Freundschaftsspiele, ein ausführlicher Bericht unseres 1. Vorsitzenden Dr. Walter schildert die Mexikoreise unserer Mannschaft. Ich selbst möchte jedoch zum Abschluß der Spielzeit noch kurz das Wort ergreifen.

Das in dieser Zeitung veröffentlichte Schaubild über die Verbandsspiele unserer Mannschaft hält noch einmal alle zahlenmäßige Vorgänge fest und könnte nach allen Richtungen stundenlang ausgewertet werden. Der Tabellenstand der Oberliga Süd am Ende der Spielzeit sei für die Chronik wenigstens teilweise festgehalten.

Vereine	Spiele	gew.	unentsch.	verl.	Tore	Punkte
1. FC Nürnberg	34	20	7	7	93:46	47:21
SpVgg. Fürth	34	19	7	8	86:43	45:23
Mühlburg	34	20	4	10	94:55	44:24
VfB Stuttgart	34	19	5	10	82:55	43:25
FSV Frankfurt	34	18	7	9	71:52	43:25
1860 München	34	19	4	11	97:67	42:26

Zum Abstieg verurteilt: Darmstadt, BCA, Singen und Reutlingen. Aufsteigende Vereine: Stuttgarter Kickers und Viktoria Aschaffenburg.

17

Die **Delegation**

Dr. Fritz Walter (Erster Vorsitzender)

Paul Seeger (Zweiter Vorsitzender)
Rolf Nagel (Dolmetscher)
Oswald Thraene (Betreuer, Mitglied des Spielausschusses)

Georg Wurzer (Trainer)

Otto Schmid
Karl Bögelein
Erich Retter
Richard Steimle
Ernst Otterbach
Josef Ledl
Karl Barufka
Erwin Läpple
Robert Schlienz
Roland Wehrle
Otto Baitinger
Rolf Blessing
Peter Krieger
Rolf Krauß
Alfred Lehmann
Leo Kronenbitter
Erwin Waldner

Ankunft

Endlich sind sie angekommen. Nach Zwischenlandungen in Amsterdam, Glasgow, Montreal, Havanna und Merida erreichen die Schwaben nach langer Reise den Flughafen von Mexico City. Mannschaftlich geschlossen, in einheitlichen Mänteln und Hüten, verlassen die Stuttgarter das Flugzeug in Richtung Flughafenhalle.

Mehr als 5.000 Menschen, Repräsentanten der Stadt und des Mexikanischen Fußballverbandes (Federación Mexicana de Fútbol) sowie Vertreter von Fernseh- und Rundfunkan-
stalten haben sich am Flughafen versammelt, um die Reisegesellschaft des VfB Stuttgart
in Empfang zu nehmen. Bis hinaus auf die Straße müssen die Leute stehen. Unter den
neugierigen Besuchern sind aber nicht nur Mexikaner, sondern auch viele deutschstäm-
mige Menschen. Dies ist der bislang größte Empfang einer ausländischen Fußballmannschaft in Mexiko.

Die Freude ist auf allen Seiten riesengroß. Hübsche Mädchen überreichen dem VfB'ler
und Nationalspieler Karl Barufka noch im Empfangsbereich des Flughafens einen
Blumenstrauß. Die Schwaben sind glücklich über diesen herzlichen Empfang.

Sie schauen noch etwas aufgeregt: Robert Schlienz, VfB Torhüter Otto Schmid, Erich Retter, Ernst Otterbach und Otto Baitinger (von links), von denen man sich in Mexiko viele gute Dinge erzählt.

Erwin Läpple

Robert Schlienz

Erwin Waldner

Karl Bögelein

Erich Retter

Peter „Pit" Krieger

Rolf Blessing

Leo Kronenbitter

Otto Baitinger

Ernst Otterbach

Roland Wehrle

Rolf Krauß

So viel Zeit muss sein. Erwin Waldner
lässt sich für das Foto von zwei jungen
Frauen umrahmen.

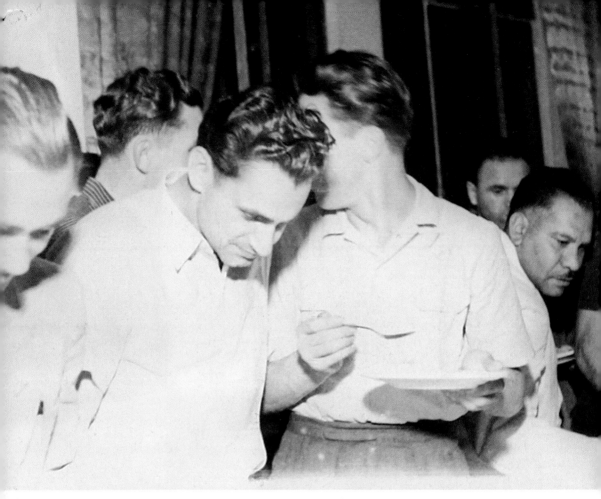

▲ Nach der langen Reise und der offiziellen Begrüßung im Hotel, an der auch Vertreter des Mexikanischen Fußballverbandes teilnahmen, sind die Gäste aus Deutschland hungrig. Robert Schlienz und sein Mannschaftskamerad Rolf Blessing (rechts) sind damit beschäftigt, sich am Buffet die Teller zu füllen.

▶ Das Abendessen bietet auch Gelegenheit zum ersten Gedankenaustausch. Hier ist Schlienz im Gespräch mit Roland Wehrle (links).

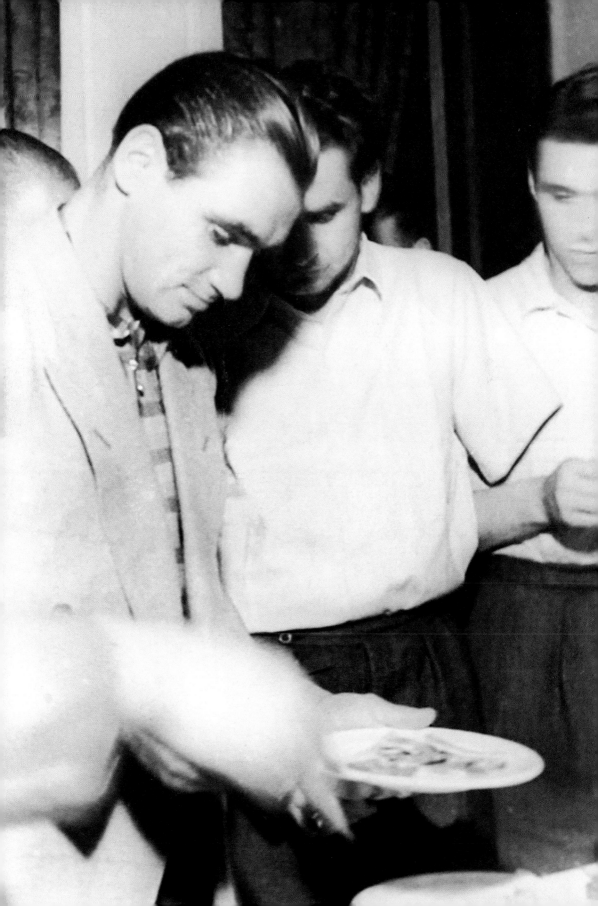

Der Erste Vorsitzende des VfB, Dr. Fritz
Walter, führt die schwäbischen Fußballer auf
der Mexiko-Reise an und hält die Erlebnisse,
die sie auf dem amerikanischen Kontinent
sammeln, in seinem Reisebericht fest.

Training

Das erste Training der Stuttgarter in Mexiko.
Die Mannschaft steht zusammen und richtet
sich für ein Foto aus. Danach tritt Chef-Trai-
ner Georg Wurzer (unten, 5. von rechts) aus
der Mitte seiner Spieler hervor.

Um dem ersten Training der Stuttgarter bei-
zuwohnen, versammeln sich hunderte Fußballfans im Parque Asturias, einem Stadion
in Mexico City, das den Schwaben als Trai-
ningsgelände zur Verfügung steht. Während
die Schwaben in ihren kaffeefarbenen Trai-
ningsanzügen auf den Platz laufen, werden
sie mit tosendem Beifall begrüßt.

Die VfB'ler laufen sieben
Runden um den Fußballplatz
und führen dabei Gymnastik-
übungen durch. Dabei zeigen
sie bei einigen Runden in
Streckenabschnitten von fünf-
zig Metern Kniehebeläufe,
Sprünge und Hampelmann-
sprünge. Das leichte Training
dient der Gewöhnung an die
dünne Luft der mexikanischen
Hauptstadt, die mehr als 2.300
Meter über dem Meeresspie-
gel liegt. Bei den Zuschauern
hinterlässt das disziplinierte
Training und die physische
Verfassung der Deutschen
einen sehr guten Eindruck.

Das Publikum sieht, dass die Stuttgarter das Training beenden wollen und ruft „Balón!" (Ball). Die Zuschauer möchten sehen, was die Gäste am Ball können. Um dem Publikum eine Freude zu machen, ordnet Trainer Wurzer ein Torschusstraining an.

Das mexikanische Publikum ist über die gute Schusstechnik der Stuttgarter erstaunt.

Mit voller Kraft trifft Otto Baitinger den Ball.
Beinahe jeder seiner Schüsse wirkt explosiv
wie ein Blitz.

Hier gibt Karl „Kalli" Barufka einen Vollspannschuss ab.
Seine Mannschaftskameraden Blessing, Baitinger und
Schlienz (von links) schauen aufmerksam zu.

Rolf Blessing hämmert den Ball auf das Tor.
Aufgrund ihrer außerordentlichen Schuss-
kraft werden die Stuttgarter in den mexikanischen Medien fortan immer wieder als
„Bombarderos" bezeichnet.

Ohne Handschuhe zu tragen, halten die Torhüter ihren Kasten sauber. Karl Bögelein, der
als zweiter Torhüter mitgereist ist, fängt einen
Ball routiniert ab.

Otto Schmid lenkt
einen Ball mit der Faust
über das Tor. Aufgrund
seiner reaktionsschnel-
len und gewandten
Flugparaden erhielt er
von den Fußballfans in
Stuttgart den Beinamen
„Gummi".

Auch Blessing zeigt sein Geschick mit dem Spielgerät.

VfB Trainer Georg Wurzer zeigt den neugierigen Jugendlichen seine Fähigkeiten im Umgang mit dem Ball und balanciert ihn geschickt auf seiner Stirn.

Erneut steht die gesamte Mannschaft eng
zusammen und posiert für die Fotografen.

Karl Bögelein, Peter Krieger und
Karl Barufka (von links).

VfB Spieler Peter Krieger nutzt den Rücken eines Redakteurs der mexikanischen
Zeitung ESTO, um seinen Namen in dessen Notizblock zu schreiben.

Auch der zweite Trainingstag beginnt mit Laufen. Zunächst geht es drei Runden um den Sportplatz. Anschließend wird gruppenweise trainiert, wobei mit dem runden Leder jeder nach Belieben sein Können am Ball zeigt.

Beim Training kommen
die Torhüter nicht zu kurz.
Karl Bögelein taucht
immer wieder ab, um die
wuchtig geschossenen
Bälle mit den bloßen
Händen abzufangen.

▼ Vom Fußballfeld auf die Tribüne.
Karl Barufka tauscht die Seiten
und schaut dem Treiben auf dem
Sportplatz von der Holztribüne
aus zu.

▶ Die anderen Spieler machen
es Barufka nach und wechseln
ebenfalls die Perspektive. Inmitten der Zuschauer machen
es sich die VfB Spieler auf ihren
Plätzen bequem.

Mit vorbildlicher Körperhaltung legt sich Erwin Läpple den Ball zurecht. Ob das beim ersten Gastspiel gegen eine mexikanische Mannschaft auch so einfach wird?

Bei den Übungen mit dem Ball
zeigen die Schwaben, dass
sie nicht nur physisch stark
sind, sondern auch mit dem
Spielgerät umgehen können.

◀ Das Publikum schaut interessiert zu, wie Richard Steimle den Ball jongliert.

▼ Beim Trainingsspiel wird aufs Ganze gegangen. Hier wird ein schneller Angriff durchgeführt.

Kurze Besprechung der nächsten Übung.
Ein paar Kinder sind neugierig und
nehmen die Fußballer aus Deutschland
aus der Nähe unter die Lupe.

Beinahe kommt es zu einem Tumult auf dem Platz. Hunderte Fußballfans unterbrechen das Training der Stuttgarter, indem sie sich Zutritt zum Spielfeld verschaffen.
Sie wollen die Sportler begrüßen, mit ihnen ein paar
Worte wechseln und sie um Autogramme bitten.

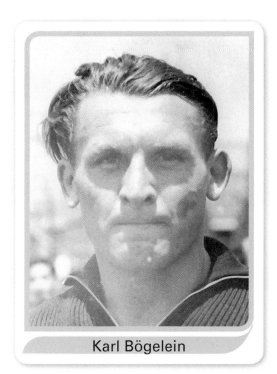

Karl Bögelein

Roland Wehrle

Erwin Läpple

Besuch des Nationaldenkmals

Die Mannschaft des VfB Stuttgart besucht
das Monumento a la Independencia, das
mexikanische Nationaldenkmal, das zum
Gedenken an die Unabhängigkeit errichtet
wurde. Bevor die Spieler die riesigen Blu-
menkränze zu der Säule mit der Skulptur der
Siegesgöttin Victoria tragen, nehmen sie
Aufstellung.

In der Reihe hinter Schmid und Bögelein tragen
Ernst Otterbach und Josef Ledl den zweiten Kranz.

Nachdem die Kränze aufgestellt sind, bildet
die Mannschaft vor dem Unabhängigkeits-
denkmal eine Reihe und hält an der Stirn-
seite des Monuments Ehrenwache. Mit
dieser Geste gewinnt sie sehr viele Sympa-
thien bei den Menschen in Mexiko.

Atlas Fútbol Club (Guadalajara) – VfB Stuttgart

17. Juni 1951
Estadio Olímpico (Mexico City)
1:5 (0:3)
60.000 Zuschauer

Karikatur aus der mexikanischen Sportzeitung ESTO:
In Mexiko ist der VfB eine unbekannte Größe und man
kann die Stuttgarter und ihre Spielweise nur schwer ein-
schätzen. Mit einem Augenzwinkern fragt der Mexikaner
deshalb beim Händedruck mit dem Deutschen: „Wird das
der Fritz oder der Otto sein?"

Von den Tribünen schallt lauter Beifall, als die Stuttgarter mit der Flagge Mexikos das Spielfeld betreten und sie durch das Stadion tragen. Im Gegenzug trägt die Mannschaft von Atlas die Deutsche Fahne auf den Platz. – Es ist das erste Mal, dass eine deutsche Fußballmannschaft auf mexikanischem Boden spielt. Mit dem VfB und Atlas F.C. treffen der Deutsche Meister und der Mexikanische Meister und Campeón de Campeones (Supercupsieger) aufeinander.

Vor dem Spiel gegen den Gastgeberverein aus Guadalajara stellt sich die Mannschaft aus Stuttgart in ihren schneeweißen Trikots mit rotem Brustring für ein Foto auf.

Die beiden Mannschaftskapitäne Otto Schmid und Juan „Chapetes" Gómez (rechts) geleiten die Frühlingsschönheitskönigin Lolita Sevilla zum Mittelpunkt des Spielfeldes. Der deutsche Torwart und der mexikanische Stürmer genießen es offensichtlich, den schönen Ehrengast zu umrahmen.

Mit leichtfüßigen
Tritten stößt Lolita
Sevilla den Ball vom
Anstoßpunkt weg.

Nach der zeremoniellen Spieleröffnung begleiten Schmid und Gómez die Schönheitskönigin wieder vom Fußballfeld herunter, damit das Spiel beginnen kann.

Die Stuttgarter zeigen ihr ganzes Können
und machen ein hervorragendes Spiel.

Mit seinen Vorstößen bringt Karl Barufka seinen Verein immer wieder nach vorne. Im Verlauf des Spiels macht er einen Treffer und gibt eine Torvorlage.

Das Ergebnis am Spielende fällt zwar eindeutig für die Schwaben aus, aber dennoch haben auch die Spieler von Atlas gute Torchancen. VfB Torwart Otto Schmid macht seinem Spitznamen „Gummi" alle Ehre und springt von einem Toreck ins andere, um die Bälle abzufangen.

Atlas Fútbol Club (Guadalajara) – VfB Stuttgart | 83

▲ Zwischen zwei Stuttgartern kommt der Mittelfeldspieler Juan José Novo zum Kopfball, doch Otto Schmid hält den Ball mit einer starken Parade und verhindert so den Gegentreffer. Durch seine Glanztaten im Tor macht sich Schmid bereits nach dem Debüt-Spiel gegen Atlas einen Namen beim mexikanischen Publikum.

▶ Die Sonne strahlt unbarmherzig herunter. Erwin Läpple, Torschütze im Finale um die Deutsche Meisterschaft 1950, jagt dem Ball dennoch fleißig hinterher.

Die Mexikaner versuchen mit vielen Dribblings und Finten
das Spiel unter Kontrolle zu bringen – allerdings ohne Erfolg.
Das einzige Tor von Atlas ist der Treffer zum 1:3 in der zweiten
Spielhälfte. Nach dem Eigentor von Richard Steimle denkt das
Publikum, dass Atlas das Spiel noch zu einem Unentschieden
bringen kann. Schnell schnappen sich die Gastgeber den Ball
und tragen ihn vom Tor zurück zum Mittelkreis.

Die mexikanische Mittagshitze
macht den VfB Spielern zu
schaffen. Dennoch liefern sie
eine beeindruckende Partie ab.

Der Linksaußen
Otto Baitinger gibt
einen strammen
Schuss auf das
mexikanische Tor
ab. Er erzielt in der
Partie zwar keinen
Treffer, sticht aber
mit seiner guten
Leistung dennoch
heraus.

„El Chepe" Naranjo (rechts) kommt für den mexikanischen Nationalspieler Antonio Flores auf das Feld und findet sich sogleich gut in die Partie ein. Hier bringt er „Gummi" Schmid mit einem Kopfball in Bedrängnis, doch der VfB Schlussmann verhindert ein ums andere mal hervorragend den Gegentreffer.

▲ Die sportbegeisterten Zuschauer gewinnen einen positiven Eindruck von den Gästen aus Deutschland und erweisen sich als äußerst fair. Sie würdigen die offensive Spielweise der Stuttgarter mit viel Beifall.

▼ Der herauseilende Torhüter Eugenio Arenaza hat keine Chance: Erwin Läpple netzt nach einem Pass von Barufka zum 5:1-Endstand für die Schwaben ein.

Die effektive Spielweise des VfB mit weiten Pässen und starkem Abschluss führte zum Erfolg. Die Stuttgarter haben ihr Debüt-Spiel durch Treffer von Krauß, Barufka, Läpple und zwei Tore von Wehrle gewonnen. Nach der Partie kommen die Spieler zusammen, um den Erfolg zu feiern. Otto Schmid hält den gewonnenen Silberpokal in den Händen, Wehrle, der sehr stark spielte, steht neben ihm.

Die mexikanischen Medien sind begeistert von der Leistung des VfB. Auf der Titelseite der Sportzeitung ESTO lautet die Überschrift deshalb: „Die Rot-Schwarzen von Atlas wurden 5:1 niedergewalzt – Stuttgart ist überragend"

Im Innenteil der Sportzeitung steht in großen Buchstaben: „Wie gut ist Stuttgart!"

92 | Der VfB in Mexiko

Vorbericht zum Spiel gegen Atlante

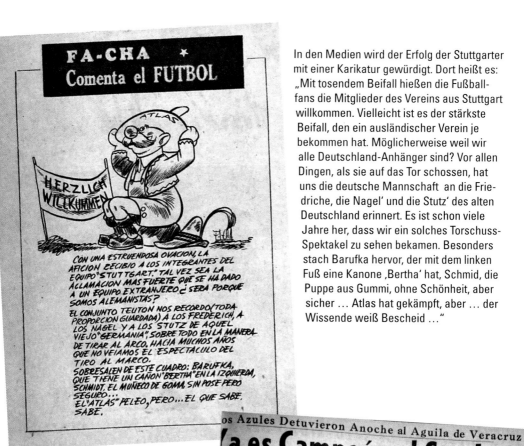

In den Medien wird der Erfolg der Stuttgarter mit einer Karikatur gewürdigt. Dort heißt es: „Mit tosendem Beifall hießen die Fußballfans die Mitglieder des Vereins aus Stuttgart willkommen. Vielleicht ist es der stärkste Beifall, den ein ausländischer Verein je bekommen hat. Möglicherweise weil wir alle Deutschland-Anhänger sind? Vor allen Dingen, als sie auf das Tor schossen, hat uns die deutsche Mannschaft an die Friedriche, die Nagel' und die Stutz' des alten Deutschland erinnert. Es ist schon viele Jahre her, dass wir ein solches Torschuss-Spektakel zu sehen bekamen. Besonders stach Barufka hervor, der mit dem linken Fuß eine Kanone ‚Bertha' hat, Schmid, die Puppe aus Gummi, ohne Schönheit, aber sicher … Atlas hat gekämpft, aber … der Wissende weiß Bescheid …"

Viel Aufmerksamkeit zieht Robert Schlienz auf sich, der im ersten Spiel aufgrund einer Muskelverletzung nicht auflaufen konnte. Er wird in einer Reportage porträtiert und schafft es auf das Cover einer Sportzeitung. Dort lautet der Titel: „Der einarmige Goalgetter"

Im Innenteil lautet die Überschrift: „Schlienz, der Versehrte von Stuttgart". Robert Schlienz betont in dem Bericht, dass die Stuttgarter in Mexiko sehr gut behandelt werden und von Land und Leuten begeistert sind.

Die zweite Partie der Gastspielserie wird angekündigt. Als nächstes trifft der VfB Stuttgart auf den Club de Fútbol Atlante, den frischgebackenen Sieger der Copa México, des mexikanischen Pokalwettbewerbs, und Vizemeister der Liga Mayor, der höchsten mexikanischen Spielklasse. Es ist ein Benefizspiel für unterernährte Kinder.

Club de Fútbol Atlante (Mexico City) – VfB Stuttgart

24. Juni 1951
Estadio Olímpico (Mexico City)
4:0 (2:0)

Die beiden Mannschaften stehen vor dem Spiel für ein Gruppenfoto zusammen. Für diese sportliche Geste gibt es Beifall von den Zuschauertribünen. Nach der hohen Niederlage von Atlas gegen den VfB Stuttgart sind sich die mexikanischen Fußballfans nicht sicher, ob Pokalsieger Atlante den Deutschen etwas entgegensetzen kann. Allerdings gibt es auch die Überlegung, dass der hohe Sieg der Schwaben in der ersten Partie auf die gegenseitige Unkenntnis der Spielsysteme zurückzuführen sein könnte. Taktisch ist die Mannschaft von Atlante, die auch ‚Los Azulgranas' (die Blauroten) genannt wird, auf die Schnelligkeit und physische Stärke der Schwaben eingestellt. In der Defensive wird Raumdeckung gespielt.

VfB Spielführer Otto Schmid reicht dem Mannschaftskapitän von Atlante die Hand – danach tauschen sie die Vereinswimpel.

▲ Dieses Mal treten die Schwaben in ihren roten Ersatz-Trikots mit weißem Brustring auf. Die Mannschaften schenken sich nichts, das Spiel ist hart umkämpft. Baitinger bekommt den Ball nach einer Grätsche abgenommen.

▶ Otto Schmid wird ständig unter Druck gesetzt. Hier bereitet ihm Mittelstürmer Norberto Rosas Schwierigkeiten, doch der VfB Schlussmann kann den Ball halten und vergräbt ihn unter seinem Oberkörper.

Gegen Atlante kommt Leo Kronenbitter
(links) nur in der ersten Halbzeit zum Einsatz.
Nach der Pause ersetzt ihn Peter Krieger als
rechter Halbstürmer. Am Ausgang der Partie
ändert dies aber nichts.

Trotz der hohen Niederlage haben auch die Schwaben ihre Chancen. Hier greifen Erich Retter und Robert Schlienz (rechts) an.

Hastig schießt Baitinger den Ball.

Die Stuttgarter Defensive hat allerhand zu tun. Der VfB Spieler springt höher als sein Gegner und klärt die Situation mit einem Kopfball.

Hier fällt das dritte Tor für Atlante. Der mexikanische Nationalspieler Carlos Septién führt eine Ecke aus und Mannschaftskamerad Escandón schließt mit dem Kopf erfolgreich ab. Otto Schmid und Erich Retter (rechts) können dem runden Leder nur noch hinterherschauen.

Schmid hat viel zu tun. Immer wieder wird
er von den mexikanischen Angreifern unter
Druck gesetzt.

Der Ball wird hoch in den Strafraum der Mexikaner gespielt. Roland Wehrle taucht vor dem Tor der ‚Azulgranas' auf, doch Torwart Salvador Mota fängt den Ball in der Luft ab und verhindert so den Anschlusstreffer für den VfB Stuttgart.

Atlante feiert seinen Treffer, während die Cannstatter den Ball zur Mittellinie zurück kicken. Die Mexikaner lassen die Schwaben nicht ins Spiel kommen. Nach Ende der ersten Spielhälfte steht es 2:0. Der VfB beginnt die zweite Halbzeit zwar sehr aggressiv, doch ein zählbarer Erfolg kommt dabei nicht heraus. Atlante besiegt den VfB Stuttgart schließlich mit 4:0.

Nach der deutlichen Niederlage des VfB wissen die Mexikaner die Deutschen nicht recht einzuschätzen, wie die Karikatur zum Ausdruck bringt: „Ein Bad am Johannistag! – Um ehrlich zu sein hat keiner erwartet, dass Atlante gegen die Deutschen 4:0 gewinnt. Die Niederlage von Atlas war genau so verblüffend, wie der Sieg von Atlante. Was ist passiert? Niemand stellt die Qualität von Atlante infrage. Aber spielt Stuttgart immer so, wie sie am Sonntag gespielt haben? Und das mit Atlas, war das Zufall? Hoffen wir es …"

Club Deportivo Guadalajara / Chivas (Guadalajara) – VfB Stuttgart

27. Juni 1951
Estadio Olímpico (Mexico City)
1:0 (0:0)
30.000 Zuschauer

Die dritte Partie der Gastspielreise des VfB Stuttgart geht
gegen den Club Deportivo
Guadalajara, auch bekannt als
‚Chivas'. „Gummi" Schmid macht
seinem Spitznamen mal wieder
alle Ehre. Gerade rechtzeitig
taucht er ab, greift sich den Ball
vor den Füßen von Guadalajaras
Mittelfeldspieler Javier De la
Torre und hindert ihn so am er-
folgreichen Abschluss.

Die Schwaben haben in dem
hart umkämpften Nachtspiel
zahlreiche Torchancen, doch
Guadalajaras Torhüter Jaime
„Tubo" Gómez wehrt mit einer
grandiosen Leistung die gefähr-
lichen Angriffe der Stuttgarter
ab. Die mexikanischen Medien
beschreiben das Spiel als sen-
sationell.

Die Spieler von Guadalajara sitzen ungeduldig in der Kabine – sie schaffen es einfach nicht, die schwäbischen Abwehrreihen zu durchbrechen und den Ball in das Stuttgarter Tor zu bekommen. Insgesamt betrachtet haben die Schwaben mehr Torchancen als Guadalajara. Dennoch gewinnen die ‚Chivas' durch einen Treffer von Enciso drei Minuten vor Spielende.

Im Hotel

Die „Bombarderos" aus Stuttgart warten in
aller Ruhe auf die kommende Partie gegen
den Club Necaxa und vertreiben sich die Zeit
mit einem Kartenspiel. VfB Legende Robert
Schlienz (4. von links) wirft einen neugierigen Blick auf Karl Barufka (2. von links), der
seine Karten studiert.

Ankündigung des Fußballspiels
Stuttgart gegen Necaxa

Zwei Jugendliche deutscher Abstammung
besuchen die Schwaben in ihrem Quartier,
um ihnen Glück für das kommende Spiel
zu wünschen. Otto Schmid (links, sitzend)
unterhält sich mit ihnen.

Im Garten des Hotels besprechen sich die VfB'ler beim gemütlichen Beisammensein. Otto Schmid (links) streckt die Beine weit aus, während er seinen Mannschaftskollegen Bögelein, Kronenbitter und Krauß (von links) etwas erklärt.

Club Necaxa (Mexico City) – VfB Stuttgart

1. Juli 1951
Estadio Olímpico (Mexico City)
5:1
35.000 Zuschauer

Karl Barufka ist während der Gastspielreise zu einem Publikumsliebling bei den
Mexikanern geworden. Sportbegeisterte
und Gegenspieler äußern viel Lob für den
VfB Spieler.

Im Spiel gegen Stuttgart debütiert Caserio (rechts) als Rechtsaußen für Necaxa. Hier ist der Torschütze zum zweiten Treffer für die Mexikaner im Zweikampf mit Leo Kronenbitter.

Auf die Begeisterung über die Spielweise des VfB folgt Ernüchterung, wie diese Karikatur belegt: „Nur eine kleine Erinnerung von der Stärke Stuttgarts, die wir beim Debüt gesehen haben, bleibt uns. Die Deutschen schienen zunächst die mexikanischen Vereine zu verbiegen, haben aber von Spiel zu Spiel mehr Luft verloren."

SOLO UN LEVE RECUERDO DE LA
POTENCIA QUE LE VIMOS AL "STUTTGART"
EN SU DEBUT, QUEDA EN NUESTRA MENTE.
LOS GERMANOS, QUE PARECIA QUE DOBLEGARIAN
A LOS EQUIPOS MEXICANOS, SE HAN DESINFLADO
CADA VEZ MAS A MEDIDA QUE JUEGAN
¡COMO SERIA LA COSA EL DOMINGO, QUE
EL "NECAXA," DIO LA IMPRESION DE GRAN
EQUIPO!... HASTA EL ABUELO LAVIADA,
LUCIO COMO EN 1924... CADA NECAXISTA
BRILLO COMO ESTRELLA DE LA VIA LACTEA.
ESTA VEZ, NI BARUFKA, SE DESTACO
DE LA VULGARIDAD DE SU EQUIPO...

Die feschen Fußballer inmitten noch
fescherer Revuedamen.
(Der Ort konnte nicht ermittelt werden.)

Club Deportivo Oro (Guadalajara) – VfB Stuttgart

7. Juli 1951
Estadio Felipe Martínez Sandoval (Guadalajara)
0:4 (0:0)

▲ Beim Nachtspiel gegen Oro betreten die Stuttgarter das Spielfeld abermals mit der ausgebreiteten mexikanischen Flagge. Das heimische Publikum ist begeistert von dieser freundschaftlichen Geste der Schwaben.

▼ Vor Anpfiff der Partie steht die Mannschaft noch mal für ein Foto zusammen.

Bei einem Zusammenstoß von Stuttgarts Leo Kronenbitter mit Oro-Torhüter Arenaza, der auch schon für Atlas angetreten war, geht letzterer zu Boden und muss behandelt werden. Für ihn ist die Partie damit beendet.

Nach Spielende sind die Deutschen erschöpft aber glücklich, denn nach einer starken Leistung haben sie überzeugend gewonnen. Die Spieler haben mit diesem Sieg ein gutes Ende ihrer Gastspielreise gefunden und nehmen Kurs auf die Umkleidekabinen.

Der Herausgeber

Adriano Gómez-Bantel wurde 1979 in Berlin geboren. Der Public Relations-Fachmann liebt alle Facetten des Fußballsports. Insbesondere Traditionsvereine, die ihre kulturelle Identität pflegen, sind für ihn eine Besonderheit mit außerordentlicher Anziehungskraft. Daher verwundert es nicht, dass er Anhänger des VfB Stuttgart ist.

Er ist außerdem Associate Member am ‚Centre for the Study of Football and its Communities' (CSFC) an der Manchester Metropolitan University, einem Netzwerk von Forschern und Wissenschaftlern verschiedenster Disziplinen, die im Fußball-Bereich unter anderem beratend tätig sind.